Mi libro ilustrado bilingüe

Min tvåspråkiga bilderbok

Los cuentos infantiles más bonitos de Sefa en un volumen

Ulrich Renz • Barbara Brinkmann:

Que duermas bien, pequeño lobo · Sov gott, lilla vargen

Edad recomendada: a partir de 2 años

Cornelia Haas • Ulrich Renz:

Mi sueño más bonito · Min allra vackraste dröm

Edad recomendada: a partir de 2 años

Ulrich Renz • Marc Robitzky:

Los cisnes salvajes · De vilda svanarna

Basado en un cuento de hadas de Hans Christian Andersen

Edad recomendada: a partir de 5 años

© 2024 by Sefa Verlag Kirsten Bödeker, Lübeck, Germany. www.sefa-verlag.de

Special thanks to Paul Bödeker, Freiburg, Germany

All rights reserved.

ISBN: 9783756305285

Leer · escuchar · entender

Traducción:

Anneli Landmesser (español)

Katrin Bienzle Arruda (sueco)

Audiolibro y vídeo:

www.sefa-bilingual.com/bonus

Acceso gratuito con la contraseña:

español: LWES1428

sueco: LWSV2831

¡Buenas noches Tim! Seguiremos buscando mañana.
Ahora ¡que duermas bien!

God natt, Tim! Vi fortsätter att leta imorgon.
Sov nu så gott!

Afuera ya ha oscurecido.

Det är redan mörkt ute.

¿Qué está haciendo Tim ahí?

Vad gör Tim där?

Se está yendo al parque infantil.
¿Qué está buscando ahí?

Han går ut till lekplatsen.
Vad är det han letar efter?

¡El pequeño lobo!

No puede dormir sin él.

Den lilla vargen!

Han kan inte sova utan den.

¿Quién viene ahí?

Vem är det nu som kommer?

¡Marie! Está buscando su pelota.

Marie! Hon letar efter sin boll.

¿Y qué está buscando Tobi?

Och vad letar Tobi efter?

Su excavadora.

Sin grävmaskin.

¿Y qué está buscando Nala?

Och vad letar Nala efter?

Su muñeca.

Sin docka.

¿No tienen que ir a dormir los niños?
El gato se sorprende mucho.

Måste inte barnen gå och lägga sig?
Undrar katten.

¿Quién viene ahora?

Vem kommer nu?

¡La mamá y el papá de Tim!
Ellos no pueden dormir sin su Tim.

Tims mamma och pappa!
Utan deras Tim kan de inte sova.

¡Y ahí vienen aún más! El papá de Marie.
El abuelo de Tobi. Y la mamá de Nala.

Och nu kommer ännu fler! Maries pappa.
Tobis morfar. Nalas mamma.

¡Ahora rápido a la cama!

Nu skyndar vi oss i säng!

¡Buenas noches Tim!
Mañana ya no tendremos que buscar más.

God natt, Tim!
Imorgon behöver vi inte leta mer!

¡Que duermas bien, pequeño lobo!

Sov gott, lilla vargen!

Cornelia Haas • Ulrich Renz

Mi sueño más bonito

Min allra vackraste dröm

Traducción:

Raquel Catala (español)

Narona Thordsen (sueco)

Audiolibro y vídeo:

www.sefa-bilingual.com/bonus

Acceso gratuito con la contraseña:

español: **BDES1428**

sueco: **BDSV2831**

Mi sueño más bonito
Min allra vackraste dröm

Cornelia Haas · Ulrich Renz

español — bilingüe — sueco

Lulu no puede dormir. Todos los demás ya están soñando – el tiburón, el elefante, el ratoncito, el dragón, el canguro, el caballero, el mono, el piloto. Y el pequeño leoncito. Al osito también se le cierran casi los ojos …

Oye osito, ¿me llevas contigo a tu sueño?

Lulu kan inte somna. Alla andra drömmer redan – hajen, elefanten, den lilla musen, draken, kängurun, riddaren, apan, piloten. Och lejonungen. Även björnen kan nästan inte hålla ögonen öppna … Du björn, kan du ta med mig in i din dröm?

Y así está Lulu en el país de los sueños de los osos. El osito está pescando en el lago de Tagayumi. Y Lulu se pregunta, ¿quién vivirá arriba en los árboles?

Al terminar el sueño, Lulu quiere descubrir aún más cosas. ¡Ven conmigo, vamos a visitar al tiburón! ¿Qué estará soñando?

Och med det så finner sig Lulu i björnarnas drömland. Björnen fångar fisk i Tagayumisjön. Och Lulu undrar, vem skulle kunna bo där uppe i träden? När drömmen är slut vill Lulu uppleva ännu mer. Följ med, vi hälsar på hajen! Vad kan han drömma om?

El tiburón está jugando a perseguir a los peces. ¡Por fin tiene amigos! Nadie tiene miedo de sus dientes puntiagudos.

Al terminar el sueño, Lulu quiere descubrir aún más cosas. ¡Venid con nosotros, vamos a visitar al elefante! ¿Qué estará soñando?

Hajen leker tafatt med fiskarna. Äntligen har han vänner! Ingen är rädd för hans spetsiga tänder.

När drömmen är slut vill Lulu uppleva ännu mer. Följ med, vi hälsar på elefanten! Vad kan han drömma om?

El elefante es tan ligero como una pluma y ¡puede volar! Está a punto de aterrizar en la pradera celestial.

Al terminar el sueño, Lulu quiere descubrir aún más cosas. ¡Venid con nosotros, vamos a visitar al ratoncito! ¿Qué estará soñando?

Elefanten är lika lätt som en fjäder och kan flyga! Snart landar han på den himmelska ängen.

När drömmen är slut vill Lulu uppleva ännu mer. Följ med, vi hälsar på den lilla musen! Vad kan hon drömma om?

El ratoncito está mirando la feria. Lo que más le gusta es la montaña rusa. Al terminar el sueño, Lulu quiere descubrir aún más cosas. ¡Venid con nosotros, vamos a visitar al dragón! ¿Qué estará soñando?

Den lilla musen är på ett tivoli. Mest gillar hon berg- och dalbanan. När drömmen är slut vill Lulu uppleva ännu mer. Följ med, vi hälsar på draken. Vad kan hon drömma om?

El dragón tiene sed de tanto escupir fuego. Le gustaría beberse todo el lago de limonada.

Al terminar el sueño, Lulu quiere descubrir aún más cosas. ¡Venid con nosotros, vamos a visitar al canguro! ¿Qué estará soñando?

Draken är törstig av att ha sprutat eld. Hon skulle vilja dricka upp hela sockerdrickasjön.
När drömmen är slut vill Lulu uppleva ännu mer. Följ med, vi hälsar på kängurun! Vad kan hon drömma om?

El canguro salta por la fábrica de dulces y llena toda su bolsa. ¡Más de los caramelos azules! ¡Y más piruletas! ¡Y chocolate!

Al terminar el sueño, Lulu quiere descubrir aún más cosas. ¡Venid con nosotros, vamos a visitar al caballero! ¿Qué estará soñando?

Kängurun hoppar genom godisfabriken och stoppar sin pung full. Ännu fler av de blåa karamellerna! Och ännu fler klubbor! Och choklad!

När drömmen är slut vill Lulu uppleva ännu mer. Följ med, vi hälsar på riddaren. Vad kan han drömma om?

El caballero está teniendo una pelea de pasteles con la princesa de sus sueños. ¡Oh, no! ¡El pastel de crema ha ido en la dirección equivocada! Al terminar el sueño, Lulu quiere descubrir aún más cosas. ¡Venid con nosotros, vamos a visitar al mono! ¿Qué estará soñando?

Riddaren har tårtkrig med sin drömprinsessa. Oj! Gräddtårtan missar! När drömmen är slut vill Lulu uppleva ännu mer. Följ med, vi hälsar på apan! Vad kan han drömma om?

¡Por fin ha nevado en el país de los monos! Toda la banda de monos se ha vuelto loca y está haciendo tonterías.

Al terminar el sueño, Lulu quiere descubrir aún más cosas. ¡Venid con nosotros, vamos a visitar al piloto! ¿En qué sueño habrá aterrizado?

Äntligen har det snöat i aplandet! Hela apgänget är helt uppspelta och gör rackartyg.

När drömmen är slut vill Lulu uppleva ännu mer. Följ med, vi hälsar på piloten! I vilken dröm kan han ha landat i?

El piloto vuela y vuela. Hasta el fin del mundo y aún más allá, hasta las estrellas. Esto no lo ha conseguido ningún otro piloto.

Al terminar el sueño, están ya todos muy cansados y no desean descubrir mucho más. Pero aún quieren visitar al pequeño leoncito. ¿Qué estará soñando?

Piloten flyger och flyger. Ända till världens ände och ännu längre, ända till stjärnorna. Ingen pilot har någonsin klarat av detta tidigare.
När drömmen är slut så är alla väldigt trötta och känner inte för att uppleva mycket mer. Men lejonungen vill de fortfarande hälsa på. Vad kan hon drömma om?

El pequeño leoncito tiene nostalgia y quiere volver a su cálida y acogedora cama.

Y los demás también.

Y ahí empieza ...

Lejonungen har hemlängtan och vill tillbaka till sin varma mysiga säng.
Och de andra med.

Och där börjar ...

... el sueño más bonito
de Lulu.

... Lulus
allra vackraste dröm.

Ulrich Renz • Marc Robitzky

Los cisnes salvajes

De vilda svanarna

Traducción:

Marcos Canedo, Anouk Bödeker (español)

Narona Thordsen (sueco)

Audiolibro y vídeo:

www.sefa-bilingual.com/bonus

Acceso gratuito con la contraseña:

español: **WSES1428**

sueco: **WSSV2831**

Ulrich Renz · Marc Robitzky

Los cisnes salvajes
De vilda svanarna

Basado en un cuento de hadas de
Hans Christian Andersen

sefa

+ audio + video

español — bilingüe — sueco

Había una vez doce hijos de un rey – once hermanos y una hermana mayor, Elisa. Ellos vivían felices en un castillo hermoso.

Det var en gång tolv kungabarn—elva bröder och en storasyster, Elisa. De levde lyckliga i ett underbart vackert slott.

Un día murió la madre y algún tiempo después, el rey se volvió a casar. Pero la nueva esposa era una bruja malvada. Convirtió a los once principes en cisnes y les mandó a un país muy lejano más allá del gran bosque.

En dag dog modern, och efter en tid gifte sig kungen på nytt. Men den nya kvinnan var en elak häxa. Hon förtrollade de elva prinsarna så att de blev svanar och skickade dem långt bort till ett fjärran land bakom den stora skogen.

A la niña la vistió con harapos y le puso una crema fea en la cara, de manera que ni su propio padre la reconoció y la echó del castillo.
Elisa corrió al bosque oscuro.

Flickan klädde hon i trasor och smörjde in henne med en ful salva i ansiktet så att den egna fadern inte längre kände igen henne och jagade bort henne från slottet.
Elisa sprang in i den mörka skogen.

Ahora estaba más sola que nunca y añoró con toda el alma a sus hermanitos desaparecidos. Cuando anocheció, se hizo una cama de musgo bajo los árboles.

Nu var hon helt ensam och längtade efter hennes försvunna bröder med hela sitt hjärta. När det blev kväll bäddade hon en säng av mossa under träden.

A la mañana siguiente siguiente llegó a un lago de aguas tranquilas y se asustó cuando vió su imagen reflejada en el agua. Pero después de haberse lavado, fue la princesa más linda bajo el sol.

Nästa morgon kom hon fram till en lugn sjö och blev förskräckt när hon däri såg sin spegelbild. Men efter att hon hade tvättat sig var hon det vackraste kungabarnet på jorden.

Después de muchos días, Elisa llegó al gran mar. En las olas, once plumas de cisne se mecían.

Efter många dagar nådde Elisa det stora havet. På vågorna gungade elva svanfjädrar.

Cuando se puso el sol, hubo un murmullo en el aire y once cisnes salvajes aterrizaron sobre el agua. Elisa reconoció inmediatamente a sus hermanos embrujados. Pero como hablaban el idioma de cisnes, ella no les podía entender.

När solen gick ner hördes ett sus i luften och elva vilda svanar landade på vattnet. Elisa kände genast igen sina förtrollade bröder. Men för att dom talade svanspråket kunde hon inte förstå dem.

De día los cisnes salían volando, de noche los hermanos y la hermana se acurrucaban los unos con los otros en una cueva.

Una noche, Elisa tuvo un sueño extraño: Su madre le dijo cómo podría liberar a sus hermanos. Tendría que tejer una camiseta de ortiga, una mala hierba con hojas punzantes, para cada uno de los cisnes y vestirles con ella. Pero hasta entonces no podría decir ni una palabra, de lo contrario sus hermanos morirían.
Elisa empezó de inmediato con su trabajo. Aunque sus manos le ardían como fuego, seguía tejiendo incansablemente.

På dagen flög svanarna bort, under natten kurade syskonen ihop sig i en grotta.

En natt hade Elisa en besynnerlig dröm: Hennes mor sade till henne hur hon kunde befria sina bröder. Av nässlor skulle hon sticka en skjorta för varje svan och dra den över den. Men tills dess får hon inte tala ett enda ord, annars måste hennes bröder dö.
Elisa började genast med arbetet. Trots att hennes händer sved som brända med eld stickade hon outtröttligt.

Un día sonaron cornetas de caza a lo lejos. Un príncipe llegó con su séquito y de pronto estuvo frente a ella. Cuando los dos se miraron a los ojos, se enamoraron.

En dag ljöd jakthorn i fjärran. En prins kom ridande med sitt följe och stod snart framför henne. När de såg in i varandras ögon blev de förälskade i varandra.

El príncipe levantó a Elisa en su caballo y cabalgó con ella hasta su castillo.

Prinsen lyfte upp Elisa på sin häst och red med henne till sitt slott.

El poderoso tesorero estaba de todo menos contento con la llegada de la bella princesa silenciosa. Pues su propia hija debía ser la novia del príncipe.

Den mäktige skattmästaren var allt annat än glad över ankomsten av den stumma vackra. Hans egen dotter skulle bli prinsens brud.

Elisa no había olvidado a sus hermanitos. Cada noche seguía trabajando en las camisetas. Una noche se fue al cementerio para buscar ortigas frescas. En esto, el tesorero le observó en secreto.

Elisa hade inte glömt sina bröder. Varje kväll fortsatte hon att arbeta med skjortona. En natt gick hon ut till kyrkogården för att hämta färska nässlor. Samtidigt blev hon hemligt iakttagen av skattmästaren.

Tan pronto como el principe fue de cacería, el tesorero hizo meter en el calabozo a Elisa. Afirmó que era una bruja que se reunía con otras brujas por las noches.

Så snart som prinsen var på en jaktutflykt lät skattmästaren slänga Elisa i fängelsehålan. Han hävdade att hon var en häxa som mötte andra häxor på natten.

En la madrugada, Elisa fue recogida por los guardias. Debía ser quemada en la plaza principal.

I gryningen blev Elisa hämtad av vakterna. Hon skulle brännas på torget.

En cuanto llegó ahí, once cisnes blancos se acercaron volando. Rápidamente Elisa les lanzó las camisetas vistiendolos. De pronto todos sus hermanos se encontraban frente a ella en su forma humana. Solo el menor, cuya camiseta no estaba del todo terminada, se quedó con una ala en lugar de un brazo.

De hade knappast kommit fram när plötsligt elva vita svanar kom flygande. Snabbt drog Elisa en nässelskjorta över var och en. Snart stod alla hennes bröder framför henne som människofigurer. Bara den yngsta, vars skjorta inte hade blivit helt färdig, behöll en vinge istället för en arm.

Las caricias y besos todavía no habían acabado cuando el principe regresó. Por fin Elisa le pudo explicar todo. El principe hizo meter en el calabozo al malvado tesorero. Y luego, se celebró la boda por siete días.

Y vivieron felices y comieron perdices.

Syskonens kramande och pussande hade inte tagit slut än när prinsen kom tillbaka. Äntligen kunde Elisa förklara alltihopa. Prinsen lät den elake skattmästaren slängas i fängelsehålan. Och sedan firade de bröllop i sju dagar.

Och så levde de lyckliga i alla sina dagar.

Hans Christian Andersen

Hans Christian Andersen nació en 1805 en la ciudad danesa Odense y murió en 1875 en Kopenhagen. Con sus cuentos de hadas como «La pequeña sirena», «El traje nuevo del emperador» o «El patito feo» obtuvo fama mundial. El cuento «Los cisnes salvajes» fue publicado por primera vez en 1838. Desde entonces, fue traducido a más de 100 idiomas y adaptado en muchas versiones, como ser teatro, películas y musicales.

Barbara Brinkmann nació en 1969 en Munich (Alemania) y creció en los Prealpes Bavareses. Estudió arquitectura en Munich y actualmente es investigadora asociada en la Facultad de Arquitectura de la Universidad Técnica de Munich. Además, trabaja como diseñadora gráfica, ilustradora y autora independiente.

Cornelia Haas nació en 1972 cerca de Augsburg, Alemania. Después de su formación como fabricante de cárteles publicitarios, estudió diseño en la escuela técnica superior en Münster y allí se graduó como diseñadora. Desde 2001 ha ilustrado libros infantiles y juveniles, desde 2013 enseña como profesora de pintura acrílica y digital en la escuela técnica superior de Münster.

Marc Robitzky, nacido en el año 1973, estudió en la Escuela Técnica Superior de Bellas Artes en Hamburgo y en la Academia de Artes Visuales en Frankfurt. Trabaja como ilustrador de profesión libre y diseñador de comunicación en Aschaffenburg, Alemania.

Ulrich Renz nació en 1960 en Stuttgart (Alemania). Después de estudiar literatura francesa en París, se graduó en la facultad de medicina de Lübeck y trabajó como director de una editorial científica. Hoy en día trabaja como publicista autónomo y, además de escribir libros de divulgación científica, escribe cuentos y libros infantiles.

¿Te gusta pintar?

Aquí encontrarás las ilustraciones de la historia para colorear:

www.sefa-bilingual.com/coloring

www.ingramcontent.com/pod-product-compliance
Lightning Source LLC
LaVergne TN
LVHW070441080526
838202LV00035B/2692